TABLE DES MATIÈRES.

NOTRE-DAME DE FOURNES
PENSIONNAT des Demoiselles GOMBERT

TRAITÉ

DE

L'ANALYSE APPELLATIVE

à l'usage

DU PENSIONNAT DE FOURNES

DIRIGÉ

Par les Demoiselles GOMBERT.

LILLE,

IMPRIMERIE DE L. DANEL, GRAND'PLACE.

1853.

Mes chères Enfants,

Naguère, en réfléchissant sur les éléments du langage et à l'enseignement dont ils peuvent faire l'objet, je voulus me rendre compte de tous les degrés par où cet enseignement devrait faire passer un élève pour le mener jusqu'à une parfaite connaissance de l'idiome qu'il veut apprendre, et je fis sur ces choses un sérieux examen. Je reconnus alors que cet enseignement, pour être complet et correspondre aux véritables besoins de celui qui s'adonne à l'étude d'une langue quelconque, doit nécessairement se graduer sur cinq échelons ; les voici :

Le premier est l'Alphabet : l'élève y apprend à connaître ses lettres. Le second est l'épellation, où, rapprochant les lettres les unes des autres, l'étudiant commence à en tirer des syllabes ou sons que ces lettres sont destinées à produire.

*Dans le troisième échelon de l'enseignement d'une langue,
on rejoint les syllabes ensemble pour former les mots entiers
auxquels sont attachées les idées individuelles, et c'est ce qui
s'appelle la lecture. Dans le quatrième, qui est celui de
l'orthographe, on est initié à la manière d'écrire ou de prononcer les mots avec toutes les lettres et syllabes voulues,
et à les représenter à l'œil ou à l'oreille tels qu'ils sont reçus
et adoptés pour signifier la chose particulière dont chacun de
ces mots rappelle l'idée. Enfin dans le cinquième, semblable
au troisième, mais plus parfait, on doit tendre à rapprocher
les mots les uns des autres, et à les arranger de manière que
leur construction produise une pensée entière, une réflexion,
un jugement.*

*Voilà, selon moi, les cinq degrés d'enseignement que de-
mande la connaissance de toute langue, et par conséquent,
par où il faut qu'un élève passe pour être sûr de bien parler
celle de son pays.*

*Or, l'enseignement actuel de la langue française, tel qu'il
est donné et qu'il a toujours été donné jusqu'aujourd'hui
dans les écoles, se base-t-il sur ces cinq degrés ?*

*Je ne le pense pas; car, selon moi, il présente un vide, une
lacune à l'endroit même du degré le plus essentiel que j'ai
énuméré le cinquième. On possède en effet des méthodes dans
tous les degrés de l'enseignement, des moyens de tous genres
de conduire un élève depuis le premier pas de l'alphabet
jusqu'à la connaissance complète de l'orthographe ; mais
est-il un seul livre qui parle de la manière de construire bien
une phrase et d'exprimer, selon toutes les exigences de notre
langage, les conceptions de l'esprit ? Non, pas un ; et on
peut dire qu'il n'y a que l'usage seul qui supplée ici au défaut*

de méthode , à la pauvreté de l'enseignement. Si donc après cela , on voit ceux qui veulent apprendre notre langue, éprouver tant de difficultés et apporter tant de lenteur pour atteindre au but de leurs efforts, faut-il encore s'en étonner, et en chercher ailleurs la cause ?

Ainsi, vous le voyez , mes chères enfants, c'est vous rendre un véritable service que de combler la lacune dont je viens de parler, et c'est ce que je crois avoir fait en vous rédigeant le Traité qui vous est offert. J'espère qu'il vous abrégera l'étude de notre langue, autant qu'il vous rendra cette étude facile et sûre. Ce Traité, dont le nom n'est pas encore connu, c'est celui de l'ANALYSE APPELLATIVE.

TRAITÉ

DE L'ANALYSE APPELLATIVE.

Ce traité sera divisé en six parties, dans chacune desquelles il sera parlé successivement : 1.º de la nature de l'analyse appellative; 2.º de ses propriétés ; 3.º de ses éléments ; 4.º de son application ; 5.º après quoi seront donnés quelques tableaux ; 6.º quelques réflexions.

PREMIÈRE PARTIE.

NATURE DE L'ANALYSE APPELLATIVE.

L'analyse appellative est celle qui sert à décomposer une phrase, pour faire juger si elle est bien construite ; ou à composer une phrase que l'on voudrait produire, en dirigeant sa construction.

D'après cette définition, il est évident que l'analyse dont il s'agit présente une différence essentielle d'avec les analyses qu'on appelle *grammaticale* et *logique ;* nous allons le démontrer.

En effet, l'analyse grammaticale a deux parties qui correspondent à celles de la grammaire : l'une regarde les mots ; l'autre, les règles.

La première considère les mots, 1.º dans leurs *espèces* et elle indique, dans une phrase, chaque substantif, chaque adjectif, chaque verbe, etc. 2.º dans leurs *modifications,* en faisant connaître si le substantif est singulier ou pluriel ; si l'adjectif est masculin ou féminin ; si le verbe est à telle ou telle autre personne, etc. 3.º dans leurs *fonctions,* montrant le rôle de chaque mot dans la phrase, c'est-à-dire si le nom, le pronom, est employé comme sujet ou comme modificatif, ou comme objet (1) direct ou indirect ; si l'adjectif, le verbe, est pris substantivement, etc.

---

(1) Il faut entendre par *objet* d'un verbe ou d'une préposition, ce que beaucoup de grammairiens expriment par le mot de *complément.* Le premier mot, moins vague, selon nous, et plus susceptible d'être saisi dans la juste idée qu'il faut y attacher, nous paraît préférable à ce dernier.

La seconde partie de l'analyse grammaticale consiste à faire remarquer comment, dans une phrase, sont appliquées les règles de la syntaxe, c'est-à-dire à faire connaître les raisons grammaticales pour lesquelles tel adjectif est au féminin,.... tel pronom au pluriel,.... tel verbe au subjonctif, tel participe d'accord avec son objet, tel autre invariable, etc.

Tels sont les résultats auxquels mène l'analyse grammaticale; et, quant à ceux où conduit l'analyse logique, on peut les réduire à ces deux-ci, savoir : 1.º décomposer chaque phrase en ses propositions ; 2.º chaque proposition en ses éléments qui sont : le *verbe*, le *sujet*, l'*attribut ;* sujet et attribut qu'elle fait tantôt *simples* et tantôt *composés*, selon qu'ils sont exprimés par un seul ou plusieurs noms ou pronoms ; et tantôt *incomplexes* ou *complexes* à mesure qu'ils ont, ou non, un objet ou complément (1).

Ainsi le but de l'analyse grammaticale se résume, comme l'on voit, en ce que cette analyse mène à écrire bien les finales susceptibles de varier dans les mots ; et celui de l'analyse logique se résume en ce qu'une idée, renfermée dans une phrase, soit représentée naturelle et complète, avec justesse et précision, sous un détail coordonné et rationnel (2).

Donc, ni l'une ni l'autre de ces deux analyses ne mènent à *décomposer une phrase comme bien construite, ni à faire juger quand sa construction est française*, c'est-à-dire, faite selon l'usage reçu chez nous, selon les tours propres à notre langue, selon le génie qui la guide, ce précisément qu'enseigne l'*analyse de l'appel des mots.*

---

(1) Voir la note à la page précédente.

(2) En attribuant ces heureux résultats à l'analyse logique, nous ne voulons être que l'écho de certains maîtres qui sont dans cette opinion. Pour not e compte, nous ne croyons pas que cette méthode, telle qu'elle est enseignée, et considérée avec les ermes techniques dont elle se sert, puisse être d'une grande utilité à un élève. Nous pensons même qu'elle est plutôt propre à obstruer le jugement chez lui, en lui cach nt la précision logique dont il a besoin, et par-là à lui être plus nuisible qu'utile. Qu'on se donne la peine d'y faire sérieusement attention, on sera bientôt convaincu de ce que nous disons.

2

Et, quant à la question que l'on pourrait ici faire de savoir quelles places doivent tenir entre elles ces trois analyses dans la marche de l'enseignement, nous pensons que l'analyse logique, destinée à guider plutôt la pensée, doit tenir le dernier rang, c'est-à-dire le rang le plus élevé ; et l'*analyse appellative*, le premier, ou du moins marcher avant la syntaxe, pour la raison que l'on verra dans ce qui va suivre.

DEUXIÈME PARTIE.

PROPRIÉTÉS DE L'ANALYSE APPELLATIVE.

Nous n'en énumérerons que trois, qui seront bien propres à faire comprendre toute l'importance et l'utilité de cette analyse.

La première, c'est de faire juger, comme il a été dit, si une phrase que l'on a sous les yeux ou que l'on entend prononcer, est bien construite, aussi bien que de guider dans la construction de toute phrase que l'on voudrait produire. Ce résultat est sans doute précieux, comme on doit le remarquer, puisqu'il fait seul le but où tendent tous les efforts de celui qui apprend notre langue. Ne serait-ce donc pas le manque d'une pareille méthode qui, jusqu'aujourd'hui, aurait été la cause que si peu de Français parlent leur vraie langue, et qu'on ne parvient à la bien parler qu'après un temps considérable d'étude et d'usage ?

La seconde propriété de l'*analyse appellative*, non moins précieuse peut-être que la première, consiste en ce que, par son moyen, on peut placer les parties constitutives d'une phrase que l'on veut construire, dans l'ordre convenable, dans le lieu qui leur appartient, et donner à cette phrase toutes les formes dont elle est susceptible, chose ignorée par bien des gens qui se piquent même de savoir parler bien le français.

Enfin, la troisième, c'est qu'elle prête une facilité étonnante d'orthographier les mots de notre langue et d'appliquer les règles de notre grammaire.

Voilà les trois principales propriétés de notre analyse, qui suffiront sans doute pour faire voir que cette méthode doit être regardée comme très-importante, et trouver place dans l'enseignement.

Nous en venons maintenant à l'explication de ses éléments.

TROISIÈME PARTIE.

ÉLÉMENTS DE L'ANALYSE APPELLATIVE.

1.º PHRASE, 2.º PROPOSITION, 3.º MOTS.

CHAPITRE I.er

PHRASE.

Par là, il faut entendre plusieurs mots réunis, formant ensemble un sens et représentant une idée.

Une phrase est facile à reconnaître et à distinguer; elle est toujours renfermée entre deux points. Une seule phrase peut ne contenir qu'une seule proposition; elle peut aussi quelquefois en contenir deux, trois, quatre, etc.

CHAPITRE II.

PROPOSITION.

1.º Notions, 2.º espèces, 3.º distinction.

ARTICLE 1.er

Notions de la proposition.

Une proposition renferme essentiellement un verbe à l'un des modes personnels, et l'on peut dire qu'une phrase contient autant de propositions distinctes, qu'elle présente de verbes à l'un de ces modes.

Après cela, tout ce qui se rattache à ce verbe, fait partie

de la même proposition ; tout ce qui se rattache, disons-nous, *par l'appel mutuel et successif des mots entre eux.*

Ainsi donc, par proposition, il faut entendre un assemblage de mots, où il y a un verbe à l'un des modes personnels, et où tous les autres mots se rattachent et se lient à ce verbe, soit immédiatement, soit médiatement, par l'appel susdit.

Là donc sont les limites de la proposition, et c'est dans ce sens que nous avons dit qu'une *phrase contient autant de propositions qu'elle contient de verbes à l'un des modes personnels.*

Cependant, il est essentiel de faire quelques remarques, d'abord sur le participe présent des verbes ; ensuite sur le verbe réfléchi ; enfin sur les verbes unipersonnels.

1.° Le participe présent, lorsqu'il n'exprime point une action faite par le sujet ou par l'objet du verbe, constitue une proposition séparée, en devenant alors lui-même un verbe que l'on peut mettre à l'un des temps passés, au moyen d'une conjonction.

Ainsi dans cette phrase : *Etant si proche de la maison de mon père, je voulus y entrer,* le participe présent *étant,* exprime une action du sujet : *je* ou *moi, étant si proche de la maison de mon père, voulus y entrer.*

Mais dans cette autre : *Les animaux ayant été créés pour l'homme, celui-ci a sur eux un souverain domaine,* le participe présent *ayant été* n'exprime plus une action du sujet ni de l'objet du verbe, et par conséquent il devient lui-même un verbe qu'il faut alors, comme il vient d'être dit, mettre à l'un des modes personnels, en le faisant précéder d'une conjonction convenable, ainsi que suit : *Comme les animaux ont été créés pour l'homme, celui-ci....*

2.° Il est évident que le verbe réfléchi, bien que se conjuguant avec le verbe *être,* est un verbe actif, et que dès lors, il doit être traité comme tel dans l'analyse. Ainsi donc, au lieu de : *Je me suis regardé, il s'est dit,* etc.; on dira : *j'ai regardé moi, il a dit à soi,* etc.

3.° L'unipersonnel, *il y a, il y avait,* etc., n'est rien, au fond, que le verbe *être,* qui alors a pour sujet le mot qui sert ordinairement d'objet à ce premier verbe. Ainsi, quand

on dit : *Il y a des hommes qui...* c'est comme si l'on disait : *des hommes sont qui...*

Cependant rien n'empêche, dans l'analyse appellative, de laisser subsister ce verbe comme il se trouve, et de le regarder comme appelant le substantif qui le suit. On dira donc : *Il y a des hommes qui*, etc.; *il existe des méchants qui*, etc.

Et en général tous les unipersonnels peuvent être analysés sans aucun changement et comme ils sont. On laissera donc : *il faut de l'argent*, *il nous manque des moyens*, *il pleut*, *il tonne*, etc.

ARTICLE 2.

Espèces de propositions.

On peut distinguer deux sortes de propositions, savoir : la proposition *continue* et la proposition *rompue*.

La proposition *continue* est celle dont tous les mots qui la composent, sont conjoints et n'admettent entre eux aucune autre proposition.

La proposition *rompue*, au contraire, est celle dont un ou plusieurs des mots qui la composent, admettent entre eux une proposition accessoire, et qui, par conséquent, ne sont pas conjoints depuis le commencement jusqu'à la fin de la même proposition qu'ils composent.

Ainsi dans cette phrase « *Le papier sur lequel j'écris, est propre à recevoir toutes les pensées qu'on veut lui confier.* » Il y a trois propositions, savoir : « *le papier..... est propre à recevoir toutes les pensées — sur lequel (papier) j'écris — que (pensées) l'on veut bien lui confier;* » mais, de ces trois propositions, les deux dernières sont *continues*, tandis que la première, placée comme elle l'est dans cette phrase, est *rompue*, parce que les mots qui la composent sont séparés entre eux par la seconde proposition.

Nous ajouterons qu'une proposition qui interrompt une autre proposition, peut quelquefois, à son tour, être interrompue par une troisième, et c'est ce qui a lieu dans la phrase suivante : « *Mon père qui, de la chambre où il*

*couche, peut entendre les passants, souffre considérable-
ment d'être placé aussi près de la rue.* » On voit, en effet,
que la proposition : *Mon père souffre.....* est *interrompue*
par cette autre : *qui peut entendre.....* laquelle, à son tour,
est *interrompue* par cette troisième : « *où il couche.* »

On peut encore distinguer deux autres sortes de propositions, savoir : la proposition *absolue* et la proposition
dépendante.

La seconde est celle qui dépend de la première, en ce
qu'elle se rattache à l'un de ces mots par un pronom. La
première est donc celle qui ne se rattache à aucune autre.
Ces deux propositions sont entre elles, comme sont le tronc
d'un arbre et l'une de ses branches. Ainsi, par exemple,
quand je dis : « *la campagne, que vous aimez tant, n'a pour
moi aucun charme ; — les pays malsains, d'où vous venez,
ont été funestes à bien des voyageurs ; — les choses dont
vous me parlez, ne sont pas de ma compétence ; — faites du
bien à ceux qui vous haïssent ; — voulez-vous voir des personnes que vous n'avez jamais vues?* etc. » Il y a dans chacune de ces phrases une proposition *absolue* et une autre
dépendante. Voici toutes les premières : « *la campagne.....
n'a pour moi aucun charme ; — les pays malsains..... ont
été funestes à bien des voyageurs ; — les choses..... ne sont
pas de ma compétence ; — faites du bien à ceux..... —
voulez-vous voir des personnes?....* etc. » Voici les propositions dépendantes : « *que (campagne) vous aimez tant ; —
d'où (desquels pays malsains) vous venez ; — dont (desquelles
choses) vous me parlez ; — qui (ceux) vous haïssent ; — que
(personnes) vous n'avez jamais vues,* etc. »

Une troisième division distingue encore les propositions
en *étendues* et en *contractées.*

Les premières sont celles qui résultent du concours de
plusieurs mots, et celles-ci sont plus ou moins longues, ou
plus ou moins *étendues,* selon que les mots dont elles sont
formées sont plus ou moins nombreux.

Les propositions *contractées* sont celles qui se trouvent
renfermées dans un seul mot, et de ce dernier genre sont
les mots *oui, non,* qui ne sont pas, comme le pensent bien
des auteurs, des adverbes, ni des conjonctions, mais des

propositions abrégées. Ces mots signifient en effet : *c'est ainsi ; ce n'est pas ainsi.* On devrait donc dans l'analyse, prendre chacun de ces mots comme une proposition entière, et non les rattacher, comme on fait souvent, à une autre proposition comme lui appartenant.

Il en devrait être de même de tout mot équivalent à une affirmation ou à une négation ; c'est pourquoi on devrait trouver dans la phrase suivante, trois propositions : « *Cocher, venez-vous recevoir mes ordres ? Certainement, Madame, puisque vous m'avez appelé.* »

Il faudrait encore distinguer les propositions *régulières* et les propositions *irrégulières.*

La proposition *régulière* est celle dont tous les mots qui la composent, sont exprimés d'une manière explicite ; et la proposition *irrégulière*, celle où certains des mots qui la forment ne sont pas exprimés, mais sont seulement sous-entendus. Voici des exemples de la première espèce : *Mon père aime ses enfants ; — avez-vous fini votre ouvrage ?* etc. En voici d'autres de la seconde espèce : *Mon Dieu, ma patrie, mon honneur, ma mère, ce sont, disait un guerrier, mon vœu, mon bonheur, ma vie ; — vous pouvez prendre ma bourse, mais ma vie, vous ne l'aurez pas ; — ces toiles se sont vendues vingt francs la pièce ; — soit vous, soit moi, il y aura toujours quelqu'un de nous deux qui mourra le premier ; — merci de l'agréable surprise que m'a causée votre lettre ; — mais l'homme, né de Dieu, l'homme spirituel, immortel, l'homme avide de connaître le souverain bien et capable de l'aimer, ah ! le dimanche, voilà son jour; — je suis plus riche que vous, mais vous êtes mieux instruit que moi,* etc.

De cette dernière espèce sont encore les exclamations comme : *Vive la religion ! — Gloire à la France ! — Quelle agréable surprise !* etc.

Ajoutons : *c'est moi ; — c'était lui ; — ce sont mes domestiques,* etc.

Il est bien évident que toutes ces phrases exprimées par des tours tout-à-fait propres à la langue française, devraient, pour être ramenées à la véritable construction, s'exprimer ainsi : *Voyez-là (c'est-à-dire dans les choses que je vais nommer) mon Dieu, ma patrie, etc. ; voyez mon*

vœu, mon bonheur, etc. ; — vous pouvez prendre ma bourse, mais si vous voulez aussi prendre ma vie, vous ne l'aurez pas ; — ces toiles, mesurées ou comptées selon la pièce, se sont vendues, etc. ; — il y aura quelqu'un de nous deux qui, etc. ; que ce quelqu'un soit vous, ou qu'il soit moi ; — je rends merci (grâces) de l'agréable surprise, etc. ; — mais si l'on considère l'homme, né de Dieu, l'homme spirituel, etc. ; — je suis plus riche, que vous n'êtes riche, mais vous êtes mieux instruit, que moi ne suis instruit ; — que la religion vive ! — gloire soit à la France ! — quelle surprise agréable advient ! — ce est moi ; — ce était lui ; — ce sont mes domestiques.

ARTICLE 3.
Distinction de chaque proposition.

1.° EN QUOI ELLE CONSISTE, 2.° MOYENS DE LA FAIRE.

§ 1.er

En quoi consiste cette distinction.

La phrase faisant un tout entier, et les propositions qui la composent étant autant de membres distincts qui sont à leur tour formés par un nombre plus ou moins grand de mots, lesquels de leur côté ne sont pas toujours de la même nature, ni en même nombre, ni à la même place, ni dans le même ordre, il faut bien alors, pour pouvoir décomposer une phrase, savoir d'abord trouver toutes les propositions que celle-ci contient, et par conséquent savoir la distribuer en tranches convenables, en réunissant dans un même groupe tous les mots qui forment chacune des propositions, et c'est là ce qui s'appelle *séparer toutes les propositions d'une phrase donnée.*

§ 2.

Moyens de faire cette distinction.

Pour parvenir à faire la séparation de toutes les propositions qui composent une phrase donnée, il faut commencer par celle de tous les verbes qui s'y trouvent à l'un des

modes personnels , et déjà alors on est certain , comme il a été dit plus haut (1), du nombre de propositions que contient la phrase.

Cette distinction étant faite , il ne s'agit plus que de grouper autour de chaque verbe tous les autres mots qui concourent avec lui à former la même proposition ; et, pour faire cette dernière opération qui n'est pas toujours facile pour les commençants, on peut employer trois manières ; les voici :

La première a pour guide le jugement de celui qui cherche cette distinction ; il a le sentiment de l'idée qui est renfermée dans les mots qu'il rapproche , et sachant alors s'arrêter au mot qui la complète et la termine , il a ainsi une proposition.

Pour employer cette marche , il ne faut le secours d'aucune notion de la grammaire , ni connaître les espèces de mots qu'elle définit ; il suffit du bon sens , de ce bon sens ordinaire qu'il n'est pas rare de rencontrer chez bien des élèves , et d'un peu d'exercice.

La seconde méthode consiste à réunir au verbe tous les mots qu'on sait d'une manière certaine lui appartenir comme faisant une même proposition , et de soumettre ensuite les autres mots dont on doute à l'examen de leur *appel*, en essayant de rapprocher successivement chacun d'eux de l'un et de l'autre des mots connus , afin de pouvoir par-là reconnaître auquel de ceux-ci chaque mot incertain se rattache , et par conséquent à quel verbe ou à quelle proposition il appartient.

Cette méthode qui , pour être employée , demande peut-être moins de capacité , de jugement de la part de celui qui veut faire notre analyse , peut en tous cas venir en aide à la première.

La troisième enfin, moins sûre mais plus facile, consiste à chercher le mot initial et le mot final de chaque proposition, et d'adjoindre à ces deux mots tous les autres qu'ils renferment comme ne faisant tous ensemble qu'une seule proposition. La recherche de ces deux mots suppose quelque

---

(1) Voir page 12, art. 1.er

connaissance grammaticale , au moins celle des dix espèces que définit la grammaire , et de plus l'application des remarques suivantes.

Et d'abord pour le mot initial.

Les substantifs commencent une proposition quand ils ne sont point précédés d'une conjonction ni l'objet d'un verbe ou d'une préposition. Exemple : *Saint Pierre* a gouverné l'Eglise longtemps.

Sont dans le même cas tous les mots pris substantivement. Exemples : L'*utile* est préférable à l'*agréable ;* le *pouvoir* en Dieu est égal au *vouloir,* etc.

Parmi les pronoms personnels (on entend par ce mot ceux qui servent, comme sujets, à conjuguer le verbe, pas d'autres), ceux qui commencent une proposition sont : *je, tu, il, ils, on.* Exemples : *je* lis, *tu* dors, *il* joue, *ils* chantent, *on* parle , etc.

Ces mots peuvent être précédés d'une conjonction. Exemples : *Lorsque* je mange ; *quand* tu marches , etc.

Les pronoms *nous, vous* sont dans le cas des substantifs. Exemples : *Nous* chantons ; *vous* dansez, etc.; lorsque *nous* voyageons ; tandis que *vous* regardez, etc. Paul *nous* frappe ; il *vous* admire , etc.; chez *nous* on trouve de vrais amis ; en *vous* réside la science , etc.

Les pronoms *elle, elles* commencent une proposition lorsque ces mots ne sont pas précédés d'une conjonction, ni l'objet d'une préposition.

Le mot *qui* est toujours initial dans une proposition. Ainsi dans cette phrase : « Mon cheval *qui* était malade depuis quinze jours, vient de mourir ; » l'une des propositions qui la compose, commence par *qui.*

Il en est de même du pronom *que.* Exemple : Les marchandises *que* j'ai achetées sont vendues , etc.

Les pronoms *lequel, laquelle,* etc., commencent toujours une proposition , et s'ils sont précédés d'une préposition , celle-ci est le mot initial de la proposition, et le pronom en est le second. Exemples : La paresse, *laquelle* n'enfante que les vices, a fait le malheur de cette personne, etc.; le cheval avec *lequel* j'ai voyagé, va boiteux , etc.

Sont dans le même cas les pronoms *dont, de qui, de quoi,*

duquel, *de laquelle*, *desquels*, *desquelles*, *à qui*, *à quoi*, *auquel*, *auxquels*, *à laquelle*, *auxquelles*.

Le verbe précédé d'un article est pris substantivement et est dans le même cas que le substantif. Exemples : Le *manger*, le *boire*, le *dormir* nous sont communs avec les animaux, etc.

Dans cette espèce de phrase : *Vouloir, c'est facile; mais pouvoir, ce n'est pas donné à tout le monde. Se vanter, c'est le propre du lâche : mais faire, c'est l'effet du courage*, etc. C'est comme si l'on disait : *Cela*, c'est-à-dire l'action de se vanter, *est le propre du lâche; mais cela*, c'est-à-dire faire, etc.

De même encore, toutes les conjonctions dont la finale est *que*, comme *lorsque*, *puisque*, *pour que*, etc.

Ensuite, pour le mot final :

Quand *que* est conjonction et appelé par un verbe, il est toujours final dans une proposition. Exemples : Il faut *que* vous parliez ; je dis *que* vous êtes instruit, etc.

Tout mot qui précède, dans la phrase, un autre mot initial d'une proposition subséquente, est final d'une proposition précédente, lorsque celle-ci est *continue*. Exemple : J'ai tiré un grand profit sur les *marchandises — qui* avaient été précédemment achetées par mon père, etc.

Pour ce qui est de la proposition *rompue*, le moyen le plus facile de grouper tous les mots qui la composent, est de séparer d'abord du milieu d'elle les autres propositions *continues* qui peuvent s'y rencontrer ; les mots de reste seront alors la proposition en question. Exemple: *Les richesses* qui ne donnent jamais le contentement de l'âme, et chez lesquelles on voit toujours les soucis et les adversités réunis, *ne sont guère désirables aux yeux de l'homme sage*, etc.

Dans cette phrase, je sépare les deux propositions: *qui ne donnent jamais..... et chez lesquelles.....* il me reste pour la proposition *rompue* ces mots : *les richesses ne sont guère.....*

L'usage apprendra le reste.

CHAPITRE III.

MOTS.

1.º Notions, 2.º remarques.

ARTICLE 1 er

Notions sur le mot APPELANT, sur le mot APPELÉ.

Il n'y a qu'à raison de leurs fonctions exercées dans le discours que les mots peuvent prendre ces dénominations ; car un mot considéré isolément, ne pourrait figurer ni sous le premier, ni sous le second rapport.

On nomme donc mot *appelant*, un mot qui, dans le discours, nécessite, pour présenter une idée, un autre mot après lui ; et mot *appelé*, celui qui doit en suivre un autre, près duquel le sens de l'idée exige qu'il soit placé.

Il faut remarquer que le même mot peut être *appelé* respectivement par un autre mot, et devenir lui-même *appelant* par rapport à un autre mot : ceci est même très-fréquent dans l'analyse dont il est ici question.

ARTICLE 2.

Remarques sur le mot APPELANT, sur le mot APPELÉ.

Il est bon de faire ici quelques remarques qui seront d'un grand secours dans l'*analyse appellative* que l'on voudra faire de toute espèce de propositions ; voici ces remarques :

1.º Tout substantif qui n'est pas pris en apostrophe, *appelle* toujours après lui un verbe, ou bien est *appelé* par un verbe ou une préposition ; comme dans ces propositions : *Cet homme aime* à parler ; *ces marchandises se vendent* chèrement ; etc. nous *aimons nos parents* ; vous *cherchez le plaisir* ; etc., j'ai voyagé *avec mon frère* ; *la pluie tombe dans la maison*, etc.

Il faut remarquer que les substantifs qui ont un adjectif

correspondant, peuvent, aussi bien que celui-ci, *appeler* après eux une préposition avec son objet. Ainsi, on peut dire : « *Votre influence sur lui ; votre adresse à réussir, vos capacités en physique ; votre fermeté dans l'accomplissement de vos devoirs ; votre présence chez nous ; votre assiduité auprès de lui ; votre dureté envers nous*, etc. parce que à ces substantifs correspondent à des adjectifs qui peuvent *appeler* la même préposition comme : « *influent, adroit, capable, ferme, présent, assidu, dur*, etc. »

2.º Tout adjectif qui n'est pas pris substantivement, est toujours appelé par un substantif, ou par un pronom, comme dans les exemples suivants : le moyen *efficace* de terminer cette affaire *épineuse* serait de fixer l'attention *inconstante* de cet homme *orgueilleux* sur le point *délicat* qu'il n'a pas encore aperçu. Le *vaste* royaume de Russie est plus *fort* par le froid *rigoureux* qui y règne, que par la valeur encore *inexpérimentée* de ses guerriers. Avec une somme aussi *considérable*, et dans une position aussi *avantageuse*, un commerçant *adroit* peut toujours avoir un *heureux* succès. De ces trente écoliers, disait un maître, ceux-ci, toujours *attentifs* et *studieux*, seront récompensés ; ceux-là, au contraire, continuellement *paresseux* et *distraits*, seront punis, etc.

3.º Un pronom, quel qu'il soit, est toujours dans le cas du substantif, c'est-à-dire qu'il *appelle* toujours un verbe, ou est lui-même *appelé* par un verbe ou une préposition. Soit pour exemples : *je* loue ; le monde *m*'estime ; *on vous* a calomnié ; *vous l'*avez vu, etc.

4.º Un adverbe est toujours appelé par un verbe, ou par un adjectif, ou par un participe, ou un autre adverbe. En voici des exemples : Aimer *tendrement ; ne jamais* parler ; agir *souvent*, etc. ; cet homme est *affreusement* laid, cependant ses manières sont *extrêmement* douces, et sa voix est *agréablement* sonore, etc. ; ces enfants, *tendrement* aimés, font l'objet de l'attention de leurs parents ; *toujours* occupés à les surveiller, etc. ; parler peu *honnêtement ;* frapper *trop fort*, etc.

5.º Les prépositions *appellent* toujours après elles un mot qui leur sert d'objet, et sont elles-mêmes toujours *appelées*

ou par un verbe, ou par un adjectif, ou par un participe, ou par un adverbe. Exemples : Chanter *avec* goût ; cet enfant paraît agréable *à* tout le monde ; Henri IV a été tué *sur* le Pont-Neuf *à* la fleur de son âge ; il était destiné *à* un malheureux sort ; je veux vivre indépendamment *de* tout le monde, etc.

Nous ferons ici observer que les prépositions *voici, voilà,* ne sont jamais *appelées* par aucun autre mot ; elles font toujours un sens séparé de la proposition où elles semblent se trouver : cela vient de ce que ces deux mots expriment réellement un verbe, celui de *voir,* comme si l'on disait : *voyez* ici, *voyez* là. D'où il suit que ces prépositions suivies de leur objet, font réellement une proposition distincte ; comme celles-ci : *voici mon chien,* (voyez ici mon chien) ; *voilà votre chapeau,* (voyez là votre chapeau), etc.

6.º Et quant aux conjonctions, elles ne concourent en rien, non plus que les mots mis en apostrophe, à la formation d'une proposition.

QUATRIÈME PARTIE.

APPLICATION DE L'ANALYSE APPELLATIVE.

1.º DISCOURS PROPOSÉ, 2.º DIVISION DE CELUI-CI,
3.º APPEL DES MOTS.

CHAPITRE I.er

DISCOURS PROPOSÉ POUR ÊTRE ANALYSÉ.

Afin de mieux développer les notions qui ont été données précédemment, de l'analyse *appellative*, nous allons d'abord mettre sous les yeux un fragment de discours, sur lequel nous appliquerons ensuite les principes que nous voulons faire comprendre. Nous empruntons ce fragment au livre 22.ᵉ de Télémaque.

« Le jeune fils d'Ulysse brûlait d'impatience de retrouver
» Mentor à Salente, et de s'embarquer avec lui pour revoir
» Itaque, où il espérait que son père serait arrivé. Quand
» il s'approcha de Salente, il fut bien étonné de voir toute
» la campagne des environs, qu'il avait laissée presque in-
» culte et déserte, cultivée comme un jardin, et pleine
» d'ouvriers diligents; il reconnut l'ouvrage de la sagesse
» de Mentor. Ensuite, entrant dans la ville, il remarqua
» qu'il y avait beaucoup moins d'artisans pour les délices
» de la vie, et beaucoup moins de magnificence. Télémaque
» en fut choqué; car il aimait naturellement toutes les
» choses qui ont de l'éclat et de la politesse; mais d'autres
» pensées occupèrent alors son esprit. Il vit de loin, venir à
» lui Idoménée avec Mentor : aussitôt son cœur fut ému de
» joie et de tendresse. Malgré tous les succès qu'il avait eus

» dans la guerre contre Adraste, il craignait que Mentor
» ne fût pas content de lui ; et, à mesure qu'il s'avançait,
» il cherchait dans les yeux de Mentor pour voir s'il n'avait
» rien à se reprocher. »

CHAPITRE II.

DIVISION DU DISCOURS PROPOSÉ.

1.º En phrases, 2.º en propositions.

ARTICLE 1.er

En phrases.

La première chose qu'il faut faire pour analyser ce discours, c'est de séparer les phrases, et puisque celles-ci se dis-
tinguent comme il a été dit, par les points, on en trouve
ainsi six, que voici :

« 1.º Le jeune fils d'Ulysse brûlait d'impatience de retrou-
» ver Mentor à Salente, et de s'embarquer avec lui pour
» revoir Itaque, où il espérait que son père serait arrivé.

» 2.º Quand il s'approcha de Salente, il fut bien étonné
» de voir toute la campagne des environs, qu'il avait lais-
» sée presque inculte et déserte, cultivée comme un jardin,
» et pleine d'ouvriers diligents ; il reconnut l'ouvrage de la
» sagesse de Mentor.

» 3.º Ensuite, entrant dans la ville, il remarqua qu'il y
» avait beaucoup moins d'artisans pour les délices de la vie,
» et beaucoup moins de magnificence.

» 4.º Télémaque en fut choqué ; car il aimait naturelle-
» ment toutes les choses qui ont de l'éclat et de la poli-
» tesse ; mais d'autres pensées occupèrent alors son esprit.

» 5.º Il vit de loin venir à lui Idoménée avec Mentor :
» aussitôt son cœur fut ému de joie et de tendresse.

» 6.º Malgré tous les succès qu'il avait eus dans la guerre
» contre Adraste, il craignait que Mentor ne fût pas content
» de lui ; et, à mesure qu'il s'avançait, il cherchait dans

» les yeux de Mentor pour voir s'il n'avait rien à se repro-
» cher. »

ARTICLE 2.

En propositions.

1.º RECHERCHE DES VERBES, 2.º SÉPARATION DES PROPOSITIONS.

§ 1.ᵉʳ

Recherche des verbes.

Après avoir séparé les phrases, il faut distinguer dans chacune d'elles, les propositions; et, pour faire cette distinction, d'abord dans la première phrase, nous commençons par la recherche de tous les verbes qui s'y trouvent à l'un des modes personnels. Or, nous en trouvons trois, savoir : *brûlait, espérait, serait arrivé*, et c'est ce qui nous permet de conclure, d'après ce qui a été dit plus haut, qu'il y a aussi dans cette phrase trois propositions.

Une pareille recherche étant faite ainsi dans chacune des six phrases, on trouvera que les verbes à l'un des modes personnels, s'y trouvent au nombre de :

3 dans la 1.ʳᵉ, savoir : *brûlait, espérait, serait arrivé.*

4 dans la 2.ᵉ, savoir : *s'approcha, fut étonné, avait laissée, reconnut.*

2 dans la 3.ᵉ, savoir : *remarqua, avait.*

4 dans la 4.ᵉ, savoir : *fut choqué, aimait, ont, occupèrent.*

2 dans la 5.ᵉ, savoir : *vit, fut ému.*

6 dans la 6.ᵉ, savoir : *avait eus, craignait, fût, avançait, cherchait, avait.*

§ 2.

Séparation des propositions.

Ayant reconnu les verbes qui se trouvent dans chacune des six phrases susdites, et étant par-là certain du nombre

de propositions que chacune d'elles contient, on doit ensuite chercher à séparer ces propositions. On pourra, pour faire cette séparation, avoir recours, si besoin est, aux remarques qui ont été faites plus haut concernant la séparation des propositions (1); on trouvera que toutes celles qui sont renfermées dans chaque phrase, sont comme dans le tableau suivant :

1.re Phrase.	1.re Le jeune fils d'Ulysse brûlait d'impatience de retrouver Mentor à Salente, et de s'embarquer avec lui pour revoir Itaque ;
	2.e Il espérait que
	3.e Où..... son père serait arrivé.
2.e Phrase.	1.re Quand il s'approcha de Salente
	2.e Il fut bien étonné de voir toute la campagne des environs..... cultivée comme un jardin, et pleine d'ouvriers diligents ;
	3.e Que (campagne) il avait laissée presque inculte et déserte ;
	4.e Il reconnut l'ouvrage de la sagesse de Mentor.
3.e Phrase.	1.re Ensuite, entrant dans la ville, il remarqua que
	2.e Il y avait beaucoup moins d'artisans pour les délices de la vie et beaucoup moins de magnificence.
4.e Phrase.	1.re Télémaque en fut choqué
	2.e Car il aimait naturellement toutes les choses
	3.e Qui ont de l'éclat et de la politesse ;
	4.e Mais d'autres pensées occupèrent alors son esprit.
5.e Phrase.	1.re Il vit de loin venir à lui Idoménée avec Mentor:
	2.e Aussitôt son cœur fut ému de joie et de tendresse.
6.e Phrase.	1.re Malgré tous les succès..... il craignait que
	2.e Mentor ne fût pas content de lui
	3.e Que (succès) il avait eus dans la guerre contre Adraste,
	4.e Et, à mesure qu'il s'avançait,
	5.e Il cherchait dans les yeux de Mentor pour voir
	6.e S'il n'avait rien à se reprocher.

(1) Voyez troisième partie, chapitre II, article 3. § 2. page 17.

CHAPITRE III.

APPEL DES MOTS.

Les propositions étant séparées, et chacune d'elles contenant ainsi tous les mots qui lui appartiennent, il s'agit maintenant de faire l'appel de ceux-ci, et de les placer selon l'ordre que, d'après leurs rapports mutuels dans la même proposition, ils doivent tenir entre eux.

Nous n'allons expliquer l'analyse que de la première et de la seconde phrase, et cette explication, répétée par le lecteur pour l'analyse de chacune des propositions des autres phrases, fera comprendre les tableaux partiels qui seront ensuite donnés de chacune de celles-ci.

Ainsi, dans la première proposition, qui est ainsi conçue : *Le jeune fils d'Ulysse brûlait d'impatience de retrouver Mentor à Salente et de s'embarquer avec lui pour revoir Itaque,* on cherchera d'abord le verbe qui s'y trouve à l'un des modes personnels, et on trouvera que ce verbe est *brûlait.*

Le seul mot qui puisse appeler ce verbe est celui de *fils,* car si l'on éprouve successivement et séparément tous les autres mots qui précèdent ce verbe, on verra que l'on ne peut pas dire : *le jeune brûlait, d'Ulysse brûlait,* mais que l'on doit dire : *le fils brûlait.....*

Un pareil procédé employé à l'égard des deux mots encore inconnus qui précèdent le verbe, fera sentir que le mot *jeune* est appelé par le mot *fils : le jeune fils* ou *le fils jeune;* que la préposition *de,* placée avant le mot *Ulysse* et entre deux substantifs, est nécessairement appelée par le premier, c'est-à-dire par le mot *fils,* et à son tour appelle le mot qui la suit, *Ulysse.* On aura donc déjà ces trois constructions : *le fils jeune, le fils d'Ulysse, le fils brûlait.*

Maintenant, on remarquera que le verbe *brûlait* appelle à son tour la préposition *de* suivie du mot *impatience ;* et que ce dernier, au moyen de la même préposition, appelle les deux mots *retrouver* et *s'embarquer.* On aura donc ces deux autres constructions : *impatience de retrouver, impatience de s'embarquer.*

En poursuivant l'analyse, on trouvera que le premier de ces deux derniers mots appelle successivement après lui le mot *Mentor*, avec la préposition *à* suivie de *Salente ;* et que le second appelle également les deux prépositions *avec* et *pour*, accompagnées des mots qui les suivent, et on obtiendra encore ces autres constructions : *retrouver Mentor, retrouver à Salente ; s'embarquer avec lui, s'embarquer pour revoir Itaque.*

C'est la première proposition analysée, et quant à la seconde proposition, elle est trop simple pour s'y arrêter.

Dans la troisième proposition, il est évident que le mot *où*, qui se trouve, dans la phrase, placé avant la seconde proposition, est appelé par le verbe *serait arrivé*, comme s'il y avait : *Son père serait arrivé dans lequel lieu.*

Venons-en maintenant à la seconde phrase.

On verra d'abord que la première proposition a déjà suffisamment été expliquée dans ce qui vient d'être dit. On remarquera ensuite que, dans la seconde proposition, le verbe *fut étonné* est appelé par le mot *il*, et qu'à son tour ce verbe appelle également le mot *bien* et la préposition *de* suivie du verbe *voir*, lequel demande après lui les mots *la campagne*, que suivent nécessairement les trois mots *des*, *cultivée* et *pleine*, dont chacun a aussi sa suite. D'où il résulte que l'on a, dans cette proposition, les constructions suivantes, savoir : *il fut étonné, étonné bien, étonné de voir, voir toute la* (1) *campagne, la campagne des, la campagne cultivée, la campagne pleine, des environs, cultivée comme un jardin, pleine d'ouvriers, d'ouvriers diligents.*

Nous croyons que ceci suffira pour faire comprendre la manière d'analyser les deux autres propositions de cette phrase.

---

(1) Nous regardons chacun de ces mots : *tout le, toute la, touts les, toutes les ; tout ce, toute cette, touts ces ; tout mon, toute ma* etc comme ne faisant qu'un seul article composé ; c'est pourquoi nous analysons : *toute la campagne*, au lieu de : *la campagne toute*. Nous dirions de même : *tous nos intérêts, toutes vos affaires ; touts ces caractères*, etc ; au lieu de : *nos intérêts touts ; vos affaires toutes*, etc.

Nous allons maintenant donner le tableau de l'analyse de chacune d(
suivie dans ce qui vient d'être exposé.

Phrase	Prop.	Sujet	Verbe	Complément
1.re phrase.	1.re prop.	Le fils		jeune d'Ulysse brûlait . . . . . d'impatience . . . .
	2.e prop.	Il	espérait . . .	que
	3.e prop.	(Où) son père .	serait arrivé	où (dans lequel lieu)
2.e phrase.	1.re prop.	Quand il	s'approcha . .	de Salente
	2.e prop.	Il	fut étonné . .	bien de voir . . . .
	3.e prop.	(Que) Il	avait laissée	que (campagne) inculte presque et déserte.
	4.e prop.	Il	reconnut . . .	l'ouvrage . . . .
3.e phrase.	1.re prop.	Il	entrant . .	dans la ville remarqua . . que
	2.e prop.	Il	y avait (1) . .	beaucoup moins d'artisans et beaucoup moins de magní
4.e phrase.	1.re prop.	Télémaque . . .	fut choqué . .	en (de cela)
	2.e prop.	car il	aimait	naturellement toutes les choses
	3.e prop.	qui	ont	de l'éclat et de la politesse.
	4.e prop.	Mais des pensées	autres occupèrent . .	alors son esprit
5.e phrase.	1.re prop.	Il	vit	de loin Idoménée venir . . . . . .
	2.e prop.	Son cœur	fut ému . . .	aussitôt de joie et de tendresse
6.e phrase.	1.re prop.	Il	craignait . .	malgré tous les succès que
	2.e prop.	Mentor	ne fût pas . .	content de lui.
	3.e prop.	Il	avait eus . .	que (succès) dans la guerre contre Adraste.
	4.e prop.	Et à mesure qu'il	s'avançait	
	5.e prop.	Il	cherchait . .	dans les yeux . . . . . . pour voir
	6.e prop.	S'il	n'avait	rien à se (à soi) reprocher.

(1) Voir page 13, 3.e

I.É PARTIE.

ER TABLEAU

une des phrases susdites ; on y reconnaîtra facilement la marche qui a été

(de retrouver. . . . { Mentor
                       { à Salente
(et de s'embarquer . { avec lui
                       { pour revoir. . . . . Itaque

toute la campagne { des environs
                   { cultivée comme un jardin
                   (et pleine. . . . . d'ouvriers diligents

de la sagesse. . . . de Mentor.

ns   pour les délices   de la vie
gnî ficence

{ à lui
{ avec Mentor

de Mentor

DEUXIÈME T

DIS C

Jusqu'à l'avénement de Marie, on connaît la destinée de la femme,
maître dur plus que compagne d'un époux généreux, prise, puis
poussée comme impure du temple même où elle aurait pu du moins
sur la Salutation angélique, N.º 9.)

ANA L'

1.re prop.   On . . connaît . . { jusqu'à l'avénement de Marie
                                          { la destinée . . . . . de la femme . . . . . .

2.e prop. { Elle   aurait pu { du moins
                                          { pleurer . . . . . . { où (dans lequel temple)
                                                                { en liberté
                                                                { sa honte
                                                                { et son malheur.

MÉ TABLEAU.

)IS COURS.

ne, comptée à peine au nombre des créatures humaines, sujette d'un
)uis délaissée par le caprice, servante de ses fils devenus adultes, ré-
)ins pleurer en liberté sa honte et son malheur. (Paraphrase de M. Giraud,

INA LYSE

comptée. . . . . . . { à peine
{ au nombre . . . . .des créatures humaines

plus sujette. . . . . d'un maître dur
que compagne. . . d'un époux généreux
prise
délaissée. . . . . . { puis
{ par le caprice
servante. . . . . de ses fils devenus adultes.
repoussée . . . . . { comme impure
{ du temple même

le)

TROISIÈME T

AUTRE DI

Le négociant doit être bien versé dans l'arithmétique, savoir
le cours des changes, être instruit des droits d'entrée et de sortie,
des lois et des coutumes étrangères, être pompt, équitable et fidèle
dans ses entreprises, court, simple et clair dans ses missives, et
marchandise.

ANA LY

Le négociant doit		
être versé.	{	bien dans l'arithmétique
savoir.		la géographie
connaître.	{	les poids et mesures
entendre.	{	à fond le cours des changes
être instruit des droits	{	d'entrée et de sortie
entendre.	{	bien sa langue
et savoir parler. . . .	{	la (elle, langue) bien
être au courant. . . .	{	des lois . . . . et des coutumes. . . . .
être.	/	prompt équitable. . . . . et fidèle. . . . . ponctuel . . . . modéré. . . . . court. . . . . simple . . . . et clair. . . . . et scrupuleux

ÈME TABLEAU.

UTRE DISCOURS.

avoir la géographie, connaître les poids et mesures et entendre à fond
rtie, entendre bien sa langue et savoir la bien parler, être au courant
idèle dans toutes les négociations, ponctuel dans ses paiements, modéré
s, et scrupuleux à payer jusqu'aux moindres droits imposés sur chaque

ANALYSE.

{ étrangères

{ dans toutes les négociations

dans ses paiements
dans ses entreprises

{ dans ses missives.

à payer jusqu'aux moindres droits imposés sur chaque marchandise.

SIXIÈME PARTIE.

OBSERVATIONS.

Il est temps de faire plusieurs observations importantes qui complèteront tout ce que nous venons dire de l'*analyse appellative*; elles ajouteront aux avantages que celle-ci fournit, celui de mettre à même l'élève qui la possède, de pouvoir donner à la construction de toute phrase, non seulement une tournure française, mais encore une expression facile, agréable et conforme aux lois du style.

La première, c'est que tous les mots qui sont appelés par un autre mot, peuvent prendre entre eux toutes les places possibles, sans que la construction cesse pour cela d'être rigoureusement française. Ainsi, par exemple, supposons les mots : *Il faut être juste en tout temps, en tout lieu, envers tout le monde.* D'après l'observation qui vient d'être faite, on peut mettre après le mot appelant *être*, celui que l'on veut des autres mots appelés, le premier; celui que l'on veut, le second; et ainsi de suite, et alors on aura les tableaux suivants :

Il faut être			
juste,	en tout temps,	en tout lieu,	envers tout le monde.
en tout temps,	en tout lieu,	envers tout le monde,	juste.
en tout lieu,	envers tout le monde,	juste,	en tout temps.
envers tout le monde,	juste,	en tout temps,	en tout lieu (1)

(1) Voyez plus bas, à l'observation troisième page 3;..

La seconde, c'est que de tous les mots qui peuvent être appelés par un autre, celui qui est le plus court, doit, ordinairement parlant, être placé le premier ; le plus long, le dernier ; et les autres, au milieu, selon leur ordre de longueur. Soit donc, pour exemple, les mots : « *Soyez toujours fort prudent dans tous vos discours ;* » rigoureusement on pourrait dire : *Soyez fort prudent, toujours, dans tous vos discours ;* ou bien : *Soyez fort prudent, dans tous vos discours, toujours ;* ou bien encore : *Soyez dans tous vos discours, fort prudent, toujours,* etc. ; mais on sent que ces dernières constructions choquent l'oreille, et que cet effet cesse aussitôt que l'on observe la règle qui vient d'être donnée, en écrivant : *Soyez toujours fort prudent dans tous vos discours.*

Il peut cependant arriver que l'ordre ordinaire des choses exige qu'il en soit autrement, et qu'un membre, quoique plus long, doive être placé avant un autre plus court, pour être exprimé à sa place naturelle : dans ce cas, il faut préférer l'ordre et obéir au commandement de la raison qui réclame. Ainsi, dans cette phrase : « *Vous goûtez un véritable plaisir à mettre votre main gracieusement gantelée à votre superbe chapeau de feutre, et à saluer le monde,* » on aurait mauvaise grâce à mettre le plus court membre avant le plus long, et à faire ainsi saluer le monde, avant d'avoir mis la main au chapeau.

Une troisième observation, c'est que, quand deux membres, également appelés par un même mot, ont une même longueur, on doit alors faire marcher en premier lieu celui des deux qui ne se compose que d'un seul mot. Ainsi, cette phrase : « *Quand on vous regarde, vous êtes aussitôt sans parole,* » est mieux exprimée que si l'on disait : « *Quand on vous regarde, vous êtes sans parole aussitôt.* »

D'après cette même règle, la phrase précédente : « *Soyez juste, en tout temps,* etc., ne doit recevoir que deux constructions, qui sont celles-ci : 1.º *Soyez juste, en tout temps, en tout lieu, envers tout le monde ;* 2.º *Soyez juste, en tout lieu, en tout temps, envers tout le monde.*